왜 사느냐고 묻는다면

# 왜 사느냐고 묻는다면

각원 시집

만인사

### 책머리에

## 사람이 사는 마을로 걸어가리라

봄이 오는가 싶더니 이미 사월로 접어들면서 일찍 핀 봄꽃들이 지기 시작한다. 이렇게 계절은 다음 계절에 바톤을 물려주고 과거로 퇴적해 간다. 길게 보면 인생도 계절과 같아서 순식간에 청년에서 장년으로, 장년에서 노년으로 넘어간다. 그 과정에서 우리는 부질없는 욕망의 끈을 부여잡고 인간의 굴레를 쉽게 벗어 던지지 못하고 있다.

가끔 내 자신에게 묻는다. 나는 종교인인가, 신앙인인가? 부질없는 질문을 화두로 부여잡고 밤새 뒤척일 때도 있다. 때로는 긴 밤을 술잔 속에서 헤매일 때도 있지만, 어떤 수모나 창피도 세월이 지나고 나면 그리운 추억으로 남는 게 인생인지도 모르겠다.

돌이켜 보면 내 인생의 굴곡은 깊고 가파른 것 같다. 어느 한 지점에서는 종교적으로 크게 방향을 선회하기도 했지만, 인생이라는 큰 테마 속에서 볼 때 그것 또한 한 차례 격렬한 풍랑에 불과하다는 생각이 든다. 어쭙잖은 신앙에 기대거나 경전의 가르침에 얽매어 살아온 삶을 두고 〈나는 이렇소〉라고 말하고 싶지는 않다. 살아온 날들처럼 살아갈 앞날에도 바람이 불고 비가 내리리라.

세상에는 스님도 많고 큰스님도 많다. 그리고 나처럼 일생을 바람처럼 헤매는 중도 많다.

지성이요 대덕으로 자처하는 스님과 승려는 많아도 중놈이나 땡

초는 없는 것 같다. 그러나 정말 그런가. 분명한 것은 어느 곳이나 함량 미달의 지성이요 깊이가 없는 대덕들이 많다는 사실이다. 그렇지만 그것 또한 그리 탓할 일은 못된다. 살다 보면 얕은 개울물과 낮은 언덕을 만나기도 하고, 높은 산과 깊은 강물을 만나기도 하는 것이다. 큰 깨달음을 위해서는 더 깊은 산 속으로 들어가야 한다고 하지만, 나는 사람과 함께 사람이 사는 마을로 다니고 싶다. 그들과 함께 기쁨과 고통을 나누며 인생의 참다운 의미를 깊이 음미하고 싶은 것이다.

고백하건데 나는 아직 시가 무엇인지 잘 모른다. 이 시집은 사람과 더불어 살아가면서 느끼는 삶의 깊이와 무게, 그리고 지나치게 뒤틀린 현실에 대한 울분을 짧은 글로 기록한 것에 불과하다. 잘난 사람도 많은 세상이지만, 나는 삶의 길목에서 어느 전생의 인연이 있어서 만나는 작은 사람들과 더불어 인생을 이야기하고 싶다. 어느 변두리 포장마차에서 술잔을 기울이면서 작은 목소리로 작은 이야기를 하면서 이 풍진 세상의 한 풍경을 그리고 싶은 것이다.

깊은 봄밤 왜 소쩍새가 저렇게 미친 듯 우는지 모르겠다.

불기 2545년 봄<br>
낙동강 가 우거에서 각원

## 차 례

책머리에 —————— 4

# 1

왜 사느냐고 묻는다면 —————— 13
구도의 노래 —————— 14
歸路 —————— 15
업의 소리 —————— 16
바루 —————— 17
산사에서 · 1 —————— 18
산사에서 · 2 —————— 20
산사에서 · 3 —————— 22
자신을 불러 보라 —————— 24
목탁 —————— 25
번뇌를 넘어서 —————— 26
먼 곳에서 —————— 28
안개 내린 날 —————— 31
세월 —————— 32
겨울 산사에서 —————— 34
자화상 —————— 35
생의 그림자 —————— 36
그대 생각 —————— 38
그대를 무엇이라 할까 —————— 40
고향의 새벽 —————— 42

차 례

# 2

벗자 —————— 45
불 —————— 46
말할 때는 —————— 47
손을 높이 들고 —————— 48
산 속으로 —————— 50
종교가 한 그릇의 라면인가 —————— 52
큰 물고기떼 —————— 54
그저 그런 놈들을 위하여 —————— 55
내용은 —————— 56
어느 TV에서 —————— 58
바람은 말한다 —————— 60
어떤 외출 —————— 62
살인자들 —————— 64
여교사와 십오만원 —————— 66
무제 —————— 68
어떤 뉴스에서 —————— 70

## 차 례

## 3

바람의 노래 ——— 73
하늘새 ——— 74
그대의 아픔 ——— 75
길을 걷는다 ——— 76
고독한 이들을 위하여 ——— 78
말 속의 말 ——— 80
우수 ——— 82
사랑 ——— 83
우리가 사는 것은 ——— 84
그리워하다가 ——— 85
그대의 노래 ——— 86
아름다워라 ——— 87
사랑했던 기억만 하십시오 ——— 88
남는다는 것 ——— 89
그리워하는 것은 ——— 90
그리운 이여 ——— 92
아끼는 말 ——— 93

## 차 례

이별 ——————— 94
길 ——————— 96
미련 ——————— 97
다시는 ——————— 98

■ 발문
낙동가에 시인이 산다(김선굉) ——————— 99

1

## 왜 사느냐고 묻는다면

왜 사느냐고 묻는다면
고개를 끄덕이고는 말하리라
나는 낳아준 그 분 때문에
그 분이 열심히 살았던 것처럼
나도 살아간다고

왜 머리를 깎았느냐고 묻는다면
멋쩍은 웃음을 지으면서 말하리라
부처가 무엇인지 몰라도
나를 깎아 다듬어 가는 生이 좋아서
이렇게 살아간다고

왜 기도하느냐고 묻는다면
소리없는 기도로 말하리라
나를 낳아 준 분도 대답이 없었고
머리를 깎게 만든 그대도
아무런 말씀이 없으셨다고
그 대답을 기다리며 기도한다고

## 구도의 노래

가장 인간적인 것이 道이다
인간이 인간을 벗어나와
무엇을 찾을 수 없다.

부처는 말로써 봄을 알리고
마음으로 번뇌 털어내 준다고
가르치지만
그 가르침은
가녀린 바람에도 흩어지는 홀씨다.

봄 들녘에는 며느리를 내보내고
가을 들녘엔 딸을 내보내듯
생명은 스스로 목마른 소망이기에
꿋꿋한 자세로
다만 혼자서
세상의 말씀들 짚어가야 한다.

## 歸路

죽어서 무엇이 된다 한들
그것이 문제가 되는 건가.

살아서 어떻게 한다 한들
그것이 무엇이란 말인가.

인간사 오도가도 못하는 것이
너무도 많아서
기다림과 바램으로 끝난다.

무엇이 가고 무엇이 오는지
알기 어렵지만
태어나서 살고
흐르는 시간 따라 흘러가는 것이다.

## 업의 소리

그윽하게 찾아와서
허물어지는 것
깊이도 없이 침몰하면서
조여오는 검은 소리
삭발하고 앉아 있어도
밀려오는 그 무엇
대숲 바람만큼이나
삭막하다.

푸른 칼날 끝에 맺힌
인연들이 물들어 올 때
멍든 구름처럼 밀리는
업장의 소리 들어야 한다.

## 바루

먹고나면 씻어야지
한 점의 그 땟국까지
받아 들여야지.

인생이란
태어난 바루에서
먹고 살아야지.

언제나 바루는 그래
반달도 되고
보름달도 되고
그렇지
깨끗해야 되지.

## 산사에서 · 1

산중에 혼자 사는
남자 하나
노래 좋아하기에
솔바람 벗 삼고
사랑에 목말라
침묵하는 남자

지친 마음 달래려고
산꽃 바라보는 눈동자는
반항하지 않는
순수함이 아니라
붉게 물든 고뇌의 꽃이다.

산중에 홀로 사는
남자 하나
지친 줄기는
서산으로 기울고
부풀어 오르는
번뇌의 새록거림

짙은 청솔가지를 벗 삼아

푸른 하늘 나르는
작은 새의 자유로움에
그리움과 사랑 실어 보낸다.

## 산사에서 · 2

언제나 혼자인 남자
왜 머리칼이 없을까?

혼자서 살아가는 남자
그만이 가져야 할
흙과 바위
비탈진 시간 위에
위태로운 제비집 지어 놓고
꿈인가 되뇌이는 남자

가끔은 산 위를 보고
가끔은 산 아래를 보고
어느 곳이
중도(中道)인가 생각하는
밤은 길기만 하다.

그림자마저
깊게 감추고 싶어하는,
자신을 자신 속에 쳐박고
검은 방석을 깔고 싶어하는
그는?

그의 의미는

텅빈 세상과 마주앉은
그는 왜 머리카락이 없을까?

# 산사에서 · 3

침묵은 그의 것이다.
입에서 터져나오는
독화살은 그의 것이다.
혼자라는 것도
그의 것이다.

그의 마음은
자신에게 반항하는 것이고
그가 좋아하는
상송과 깐초네도 그의 것이다.

산 속에 핀 꽃들을
밟고 꺾고
뿌리까지 뽑아버리는 것도
그의 자유다.

가파른 산길을 걸어나와
빈 배에 소주를 채우는 것도
산중에 혼자 사는
그의 자유이다.
지친 눈으로 한 세상 살아가지만

때로는 구름을 끌어들이고
어두움의 깊이를 생각하면서
혼자 살아가고 있다.

## 자신을 불러 보라

가까운 사람은
부르지 말라.

먼 곳에 있는 자도
부르지 말라.

부르고 불러보고 싶음은
자신 속의 자신이어야 한다.

자신을 불러보라.
자지러지도록 자신을 불러보라.

부를수록 무너지는 것
자신 속의 자신이어야 한다.

## 목탁

꿈을 꾸는가

퉁퉁퉁

그렇구나

탕탕탕

그립구나

둥둥둥

더러워 죽겠다

땡땡땡

목탁을 때린다

## 번뇌를 넘어서

사랑이었을까?
아픔이었을까?
인연이었을까?
우연이었을까?

그렇게도 많은 업 중에서
하나를 선택하기까지
나는 나의 자리에서
너무 깊이 서성거렸나 보다.

생의 본질을 잊고
때로는 아파하면서 매달리는
푸른 구름까지도
바람결에 걸어 두었다.

흐린 세월 속에서
옳고 그름을 분별하던
어리석음이
한 바탕 폭풍우로 지나친
마음자리는 고요하다.
보내고 맞이하는

뭇인연을 겸허하게 받아들여
성냄 없는 모습으로
번뇌를 넘어
또 하루를 건너고 있다.

## 먼 곳에서

그대가 부르는 소리
아직 귓전에 들리는 시간이 많다.

먼 곳에 있어도
아주 가까운 곳에서
나를 찾는 소리가 들린다.

버릴 것 다 버렸다고
말하면서도
아직도 한 세상
그리워하면서
살아가는 것이다.

법당문 걸어 잠그고
부처를 가두어도
편히 잠잘 수 없다.
현관문도 걸어 잠그고
안방문도 걸어 잠궜지만
화려한 껍데기에 눈이 멀어
아직도 잠을 설친다.

푸른 달빛 속으로 걸어가 본들
은밀한 나의 조각품은 보이지 않고
땟국물 나도록 들었던
강의 시간의 언어 조각만
바람 타고 흐를 뿐이다.

하루를 걸어 잠그고
어두움과 누워 있어도
부처님은 히죽이 웃음지을 뿐
늘 비어 있어도
채울 수 없는 마음이다.

이것을 쏟아부어도
저것을 쏟아부어도
온갖 청옥 같은 별들을
쏟아부어도
채울 수 없는 마음이다.

바람 속에서 슬퍼하고
달빛에 젖어 고개 숙이고
한 잔 술에 히죽거려도

상기된 눈으로 부처를 본들
나는 나 아니기를 접어 두는 것 같다.

법당문 열고 들어서면
헛된 절을 하는가 싶다가도
거울 속의 그림자처럼
나 자신이 낯설게 비추어질 때
출렁거리는 양심을 볼 수 있다.

늘 마시고 마시고 하여도
울컥 미치는 그대 향한 정은
너무 깊은 내 병인지도 모른다.

## 안개 내리는 날

안개가 내리는 아침엔
침묵을 지켜라
풀잎을 건드리지 말아라
꽃을 만나도 쳐다보지 마라

안개 내리는 날에는 웃지도 마라
허황한 내일도 꿈꾸지 말고
지나친 화려함도 생각하지 마라

안개가 내리는 날에는
입이 있어도 꾹꾹 다물고
코가 있어도 조금씩 숨쉬어라
아름다운 발자욱을 남기고
그들이 조용히 떠나갈 때까지

## 세월

세월이라는 것은
생을 갉아먹는
낡은 좀도둑 같은 것

사랑이라는 것은
모두 쓰다가 버린
허무라는 추상명사 같은 것

슬픔이라는 것은
우리가 거쳐야 할
몇 가닥으로 짜여진 철조망 같은 것

기쁨이라는 것은
누구나 가질 수 있는
가난한 마음의 호수 같은 것

하늘과 바람
구름과 별들
모두가 잊혀질 나날 같은 것

세월은 잊혀진 모두를 위해

기억의 작은 여울 따라 흐르는
마르지 않는 강물 같은 것

## 겨울 산사에서

이 산사에서 살아가는 모든 생명들이
깊이도 묻혀서
봄이 오기를 간절히 꿈꾸면서
오늘을 살아간다.

이것들은 저기 저것들까지도
이 겨울 산사에서
어제의 부끄러운 고통을 기억하면서
소리 없는 대화를 나눈다.

이 산사에서 숨쉬는 터전을 창조한
그 인연의 끈으로 하여
흰눈 덮인 시린 세월 속에서
속으로 잘게 부서지는 작업

그리고 겨울 산사에는
웃으면서 춤추는 솔바람 소리만이
내일이 있다는 희망이다.

## 자화상

그는 아름다움과
세상의 황홀함을 다 준다 해도
끝내 돌아앉고 말았다.

그는 사랑의 아픔을 먹고 살았다.
그는 뜬 구름 속에서
세상 구석구석 살피고 있었다.

그가 산 속에 산다는 것은
버린 것이 아니라
더 많은 것 생각하기 위함이다.

## 생의 그림자
―먼저 간 친구에게

가까운 길
아주 가까운 길로 떠난
그대

먼 길 떠남은
너무 피곤하기에
떠나기 전의 모습으로
떠난 그대

길 떠남은 언제나
현리(玄理)의 기운이
돌아가는 것이지만

떠나는 사람은
사라지는
한 줌의 구름인 것을

이제 어디로 갈 것인가.

가는 데가 어디든
그곳은 다만

누구나 가야 하는
생의 그림자이다.

## 그대 생각

목탁을 치면서
책을 보면서
산책을 하면서
차를 마시면서
그대 생각했습니다.

이 깊은 산 속에서
이제 그대 이름 부르지 못함이
얼마나 큰 아픔인지
그대는 아십니까?

언젠가 기억이 아슴한 날
그 찻집 그 자리에 앉아
물끄러미 내다보는 창 밖에는
흐린 구름만 흘러갔습니다.

내가 살아 있는 날까지
하늘에 비친 달빛은
그대의 잔잔한 미소

대지를 덮은 어둠은

잊어버리려고 바둥거리는
나 혼자만의 애련입니다.

## 그대를 무엇이라 할까

이웃을 알지 못하고 덤벙대는
그대를 무엇이라고 할까?

자신의 문을 꼭 닫고
보여줄 줄 모르는
그대를 무엇이라고 할까?

한 포기 들꽃의 생명이
신기하게 자라는 인연 모르는
그대를 무엇이라고 할까?

모든 것이 인연으로 엮어져
깊은 존재의 자비와 믿음이
어우러져 있음을 모르는 그대를
무엇이라고 부를까?

자신을 살찌우지 못하면서
믿으라고 부르짖는 그대를
달을 보고 울부짖는 마당개라 부를까?

자비를 노래하면서도

자비를 퍼줄 줄 모르는 그대를
텅빈 들판을 지키는
허수아비라 부를까?

## 고향의 새벽

장막을 걷기 시작한 하늘
회색의 거리
고요하다 못해 적막하다.

지난 밤 술자리
없어진 것은 지난 시간
잡을 수 없는 것은
세월 속에 묻힌 지난 일들
지친 몸 일으켜 세우고
또 먼 길 가야 하리.

잘도 참아 온 시간들
저 산으로 떠난 그대
저 도시로 떠난 그대
모두 잘 있는가.

웃음이 지나간 자리에는
빈 술병만 나뒹굴지만
동터오는 고향의 새벽
우리는 이렇게 다시 태어난다.

2

## 벗자

가을은 참으로 좋다
모두 벗어버리는 시간 속으로
모두 벗어던지고
그대 오라.

자연으로 와서
이 가을 산으로 와서
몸과 마음 다 순수해지는
벗는 연습을 하자꾸나.

겹겹이 껴입은 옷들
다 벗어던지고
텅 빈 몸으로
한 바탕
아리랑춤이나 추자.

# 불

스스로 타올라
태울 것 태우고
그냥 지나친다.

스스로 타오른다.
힘을 잠재우고
폭발도 한다.

불은 불이다.
뜨겁다 기억하면
그리워지고
그립다 생각하면
눈을 감는다.

## 말할 때는

말할 때는
고개 살짝 돌려서
말을 하자.

업장(業障) 두터운 자들
고통마저 허락하지 않고
슬픔 속에 사는 자들
그리움도 허락하지 않으니

말할 때는
고개 살짝 들어서
말을 하자.

## 손을 높이 들고

손을 높이 들고
하늘을 치려고 했을 때
구름은 내 눈을 멀게 했고
가장 가까운 사람은
나를 보고
어리석은 놈이라고 빈정댔다.

아름다움의 기운으로
입이 찢어지도록 웃기도 하고
거품 물고 말을 했지만
늙어 가는 것은 내 주름살과
구역질나도록 토해내는
너와 나의 속 냄새이다.

— 神님은 독선
— 이해는 아집
— 목적은 세력
— 규범은 독사
— 생활은 방랑자
— 종교는 김일성
— 道는 큰 술잔이라고

— 꿈은 엿먹어라.

손을 높이 들고
아니오라고 외치면서
웃기도 하고 울기도 하지만
늙어 가는 것은 세월뿐이다.

## 산 속으로


내가 시골 티 벗고
서울이라는 대학에서 공부할 때는
앞뒤에서 칭찬하는
그럴듯한 삶이었다.

어느날 머리 깎은 중이 되었을 때
오가는 늙은이 젊은이
애숭이 년놈들까지
— 중이다
— 땡추다 손가락질하여
사람 앞에 나서기가 두려워졌다.

중이 되었길래
손가락질 받아야 하는지
마음은 자갈밭이 되었다.
작고 작은 무소유의 맛을 보려고
인생의 꿀맛 알기 위한
나의 몸부림인데도
권력과 명예 돈을 인질로 잡고
독선으로 道人이 되어 살아가는
집단 속에서 짓밟히고 말았다.

중이 뭐길래
돈이 뭐길래
이놈 저놈의
이년 저년 아가리에서 튀어나오는
소리 소리들을
일일이 귀 담아 듣지는 않지만은
폭발물의 파편이 싫어서
산 속으로 떠나야겠다.

산 속으로 떠나
칡꽃 향기에 삶을 담고
인생의 뿌리까지 숨김없이
왜 중이 되었느냐고
자신에게
되물어 가면서 살아야겠다.

## 종교가 한 그릇의 라면인가

뭘 알았지?
종교가 한 그릇 라면인가?
끓는 물 속에 넣기만 하면 익어지는 건가?
너는 김치
나는 한 알의 달걀이 되는 건가?

뭘 믿고 따르지?
썩어 빠진 양심으로 술을 만들어
좋은 술잔을 들고
세상의 물결 가늠해 본들
물결은 술병을 싣고
흘러만 가는 세상이다.

주색이 가끔은 목탁이 되고
주색이 가끔은 아베마리아가 되고
주색이 가끔은 할렐루야가 된다

돈 속에 빠진 여인네를 목탁으로 건지고
허우적거리는 여자를 아멘으로 건지고
겹겹이 금칠한 여편네를 할렐루야로 건지면서
내세(來世)는 그대의 것이라고 하는가.

석가가 라훌라를 낳았다고
원효가 요석을 사랑했다고
아우구스티노가 아들이 있었고
루터가 종교를 개혁시켰다고

제 눈 속에 든 선녀는 보지 못하고
스쳐 간 악연이 자랑인 듯
떠벌리고 있는 동안
우리가 놓친 기차는
피안의 정거장에 도착하고 말았다.

돌아가라
돌아가는 시늉이라도 하자.
썩은 술이지만 낮술이라도 한 잔하고
우리가 건져야 할 자비와 사랑
마음으로 느껴야 한다.
술잔이 깊어도 마시면 그만인 것을……

## 큰 물고기떼

큰 고기는 넓은 데서 논다는데
큰 고기는 깊은 물에서 논다는데
맑은 물에는 고기가 없다던데

너무 큰 나무 밑에는
잔디도 못살아 간다던데

어이 이 땅에는
넓은 물에서 피라미 놀고
깊은 물에서 새끼고기 잡아올리니
역시 큰 놈은 높은 힘을 가져
어디론가 숨어버렸나 보다.

맑은 곳에서 병신고기춤 추고
큰 그늘 아래에는
푸른 초원이 펼쳐져
오늘도 불 붙이는 한 바탕 잔치로구나.

## 그저 그런 놈들을 위하여

그저 그런 놈들 위하여
흐르는 물이 되어
맑게 소리 내어 흐르자꾸나.

그저 그런 놈들 위하여
푸른 소나무가 되어
겸손하게 지켜 보자꾸나.

그저 그런 놈들 위하여
붉게 피는 철쭉이 되어
가난한 이들 옷이 되자꾸나.

그저 그런 놈들 위하여
말없는 바위가 되어
그들이 돌아올 때까지 기다리자꾸나.

## 내용은

비어 있는 것들이
배고픈 함성 지른다.
채워진 것들까지도
배부른 함성 질러댄다.

주인 있는 것에서
주인이 없는 것까지
저 높음을 소리내며
하늘을 찌른다.

있음은 있음으로하여
있다는 것을 알려야 하고
없음은 없음으로하여
없다는 것 알려야 한다.

그리고 웃는 놈은 웃는다.
우는 놈은 울고 있다.
한 번 비껴진 것은
깨어진 세계를 대답하는데
주인 없는 땅에 가서
한 줌 모래 퍼가지고 와서는

차례로 다가오는 몸둥아리를 이끌고
뜨거움과 차가운 바늘로서
내용을 찔러보라.

## 어느 TV에서

신고 정신이 없다고?
그래 맞아
신고할 이유가 있어야 하지.

어떤 놈은 몇 억 해쳐먹어도
끄떡없이 넥타이 매고 다니는데
서민 의식의 부패라니

법이 무엇인지 몰라도
가진 놈들 잣대로 만들어서
배때지 터지도록 쳐먹고는
툭하면 자기 합리화로
고치고 다시 만들고하면서

어떤 선생님 몇 만원이 뇌물이라고
뉴스 시간마다 씨부리고
어떤 놈 몇 백만원에 삼십년을
감방에서 보내 버렸는데
서민 의식의 부패라 한다.

어떤 똥돼지 같은 놈들

억억 해쳐먹고도
병보석이다 뭐다 하면서
고급차 타고 다니는데
서민 의식의 부패라니!

만만한 것이 똥강아지라
이리 차이고
저리 차이고
이 땅의 법이란
가진 자를 위한 것이다.

## 바람은 말한다

바람은 말한다
희망없는 세상을 보면서 말한다.
저런 사람 이런 사람

악어떼 소굴에
양들 몰아 넣고
독사의 소굴에
양심을 몰아 넣고는
부르짖는다.
사랑이라고

바람은 말한다.
믿음 그리고 신앙과 사상
통통거리는 목탁소리와
멸종되어 가는 修行의 모양새보다도
전설이 되어 버린
전통의 엿가락에 얽매여
자신을 잃어버린 자리엔
거인인 필요악의 기운만 맴돈다.

바람에게 물어 보렴

無生의 삶은 없음인가?
여린 마음 한 조각 빛을 찾기가
얼마 만큼의 대가를 치르는지를
바람은 그렇게
설렁설렁 떠나고 만다.

## 어떤 외출

산길을 나선다.
도시의 밤 풍경은 아름답다 못해 눈부시다.
뜻 모르는 간판들
촌스럽기 그지없는 것에서
화려한 조명등까지
길게 이어져 어둠을 밝힌다.

닭 튀기는 냄새는
누구 쳐먹으라고 그러는지
삼겹살 굽는 냄새와
소주에 취해 휘청거리는 놈들
쇠고기에 생선까지
찌지고 구워제끼는 놈들 틈에
술잔은 아가리를 딱 벌리고
넙쭉넙쭉 잘도 받아넘긴다.

주신은 너울너울 춤추는가 하면
어떤 놈은 아예 단잠을 잔다.
가만 있어도 어두움 속으로
떨어지는 연놈들을 보면서 …
그래도 중놈이 눈에 들어오면

눈알이 휙 돌아가서는
요즘 중들은 별 것 다 쳐먹어라고
참다 못한 술잔의 주둥아리와
나의 주둥아리가 부딪힌다.

참아야 하는 것은 계율과 율법뿐
속으로 타오르는 언어의 강가에선
니 놈은 매일 그 지랄하면서
니 놈은 매일 쳐먹고 하면서
니 놈은 매일도 모자라서 낮에도 그 지랄하면서

한 잔 속으로 타오르는 불길을 끄고 나면
외출한 기분이 솟구치리
너도 그저 그런 놈
나도 그저 그런 놈
삶의 뿌리를 어디에 두고 헤매고 있는가.

## 살인자들

나를 위해서
그대를 짓밟아 버렸다.
철저하게
아주 철저하게
그대를 짓밟아 버렸다.

그대
나를 슬프게 했었다.
다시 일어서서 가야 할 길
잔인하게
아주 잔인하게
빗장을 질렀다.

그것도 모자라서
신(神)의 뜻이다.
불심이다 하면서
우리는 모두 아프게 하고 있다.
조금이 아닌
아주 크게 아프게 하고 있다.

총칼보다 사나운 이빨로

짧은 혓바닥으로
나를 죽이고
그대를 죽이고
우리를 죽이면서
따뜻한 가슴에 얼굴을 묻고
참으로 아파하는 이는 없다.

## 여교사와 십오만원

선생님 당신이 누구인지 모르지만
송구스럽습니다.
재수가 없어서 그런 줄 아시고
너무 아파하지 마십시오.
그리고 뉴스는 꼭 보지 마십시오.

염병할 것들 하는 짓들은
십오만원이 아니라
몇 백, 몇 천, 몇 억이 넘는데
그래도 이리 끼워맞추고
저리 짜맞추고는
두 눈깔 똑바로 뜨고 있잖아요.

선생님 뉴스는 꼭 보지 마십시오.
그리고 돈을 주었다는
학부모년인지 누군지 모르지만
전생에 빚진 적이 있구나 생각하고
마음 속으로 다 삭이십시오.

지체 높은 놈들 여편네를 보십시오.
죄 짓고 TV에 나와서도

대가리 쳐들고
독기 어린 눈깔 뜨고 있는 것 보셨지요?

그래도 선생님은 그렇게
그냥 그렇게 받아 주십시오.
그 아이들이 성장하여
한 세상 바르게 살아가도록
기도하는 마음으로 보살피십시오.

선생님 송구스럽습니다.
정부의 어떤 부서 놈들은
천오백만원 받고도 불구속 입건이래요.

선생님, 세상 더러운 것
다 알고 계시잖아요.
우리 꾹꾹 참고 견디며 살아갑시다.

## 무제

너무 많고 너무 적음이다.
너무 넘치고 너무 없음이다.

손에 쥘 수 없을 만큼 많은 것과
손으로 잡을 수 없을 만큼 적은 것이다.

피둥피둥 살찐 것에서
피골이 상접한 것까지
가진 것 없으면
사람이 아닌 세상에서
희망도 가진 것 있어야
건질 수 있는 세상을 산다.

희생을 요구하지 않는 환희가 없듯이
댓가를 바라지 않는 빈 마음으로
산에서 즐거움을 얻어야 한다.

깊이 감추어진 마음으로
진실을 꽃피워야 하는데도
많음에 끄달리는 줄기찬 욕심은
묵묵한 없음의 통곡을 모른다.

너무 지저분하도록 많고
너무 어리석도록 없음이다.
너무 작은 그릇은 비어 있고
너무 큰 잔은 넘치고 있음이다.

많음과 적음
넘침과 없음은
잘 짜여진 필요악이 아니라
철저하게 짜맞춘 제도적인 악이다.

## 어떤 뉴스에서

희망이 없어졌다.
태양은 높은 곳에서 비추지만
세상의 어둠은
지체 높은 놈들에게 다가온다.

해쳐먹을 것 다 해쳐먹고
그것도 모자라서
군대에도 가지 않은 것들이
반공이다 민주다 운운하는 것
차마 듣기 거북하다.

여의도에서
여의주 물고 잘 나가는 놈들
30프로가 군대에 안 가고
그 새끼들까지
이리 빠지고 저리 빠지고 하는,
이것이 바로 우리의 현실이고
인권이고 민주주의다.
참으로 더럽고 썩은 놈들이
우리 위에 떵떵거리며 군림하고 있다니.

3

## 바람의 노래

가벼운 그리움에 계곡으로 나부끼는 바람

마른 가지 날개를 툭 뿌러뜨리고

마음에 가득 담긴 그대의 혼을

더 깊은 곳으로 아득히 몰고 간다.

## 하늘새

가요, 갑시다
그래요, 가셨지요

화났지요
나도 화났소

왜 그냥 가요
나도 그냥 가요

그래도 그대로입니다
사랑을 생각하면
내 가슴이 너무 좁습니다

가시오, 나도 갈 것이요
그대 뒤 따라서

## 그대의 아픔

아픔에 겨워서 서러워하는 그대

끝내 눈물 지우고 돌아서 갔다.

그대 나 그리움으로 아파하는데

그리움 한 짐 지고

어디로 가고 있는가.

## 길을 걷는다

누구나 길을 걷는다.
가고 싶은 대로
마음이 이끄는대로
길을 걷는다.

가다가 돌아서서 서성거리고
가다가 다른 길로 들어서고
길을 가는 거다.

아파도 해 보고
후회도 해 보고
가슴 다 젖도록 울기도 하면서
길을 가는 거다.

어느덧 돌아보면
아득한 길
안개에 싸여 볼 수 없고
히죽히죽 웃으면서
그날 얘기하는 거다.

누구나 길을 걷는다.

가다가 힘이 들면
한 잔 할 수도 있고
취하여 늦게 갈 수도 있는 거다.

## 고독한 이들을 위하여

고독을 견디어 온 나날들을
두려워해서는 안됩니다.
마음이라는 것은 언제나
초조함으로 밀리는 연속입니다.
그러면서도
어두움에 싸여 가려진
아주 좁은 골목길이라도
밝음에 대한 희망을
품고 있는 것입니다.
고독한 어두움을 건너온 자만이
저 높은 정상에서
해맑은 미소를
지을 수 있는 것입니다.
삶에서 언제나
마음의 상처를 입고 있으면서도
상처의 괴로운 아픔보다도
무엇인가 이야기할 수 있다는 것
이것이야말로
깊은 상처 속에서 아파하는
고독한 이들을 위한
눈물의 뿌리인 것입니다.

보다 더 사랑할 수 있는 자는
보다 더 큰 침묵으로
고독한 이들의 상처를 어루만집니다.

## 말 속의 말

아무 말을 하지 않으면
곰 같다고 놀려대었다.
바른 말인 듯 싶어 말을 했을 때
그럴 수가 있느냐고 덤벼들었다.

때로는 말 속에 말이 없어서
때로는 말 속에 말이 있어서
머리 깎은 내 모습이 부끄러웠다.

소리 없는 함성으로 터져나오는
저 들풀의 소리도 들릴 듯한데
마음으로 전하고 싶은
인간의 언어에는 칼날이 푸르다.

살아 있는 한 동안
삶을 불태우고 싶지만
따뜻한 가슴 열지 못함은
뜨거운 말들 너무 위태롭기 때문이다.

탈대로 타버린 가슴으로
나즈막이 깔리는 빛을 보는 날

청산의 푸르름처럼 일어나
마음으로 말을 할꺼다.
말 속의 말을 다 할꺼다.

# 우수

저 별은 그대가 가지십시오.
나는 아직도 모자라는
세월을 가지렵니다.

구름 속에서 비춰지는
그대의 얼굴은
옛날에 스쳐간 그림자처럼
지금은 잊혀져간
지난 이야기입니다.

땅 위의 모든 것을
그대가 가지십시오.
나는 그래도 모자라는
사랑이라는 조각 가지렵니다.

마음에 그려 놓은
그대의 모습이야
두 눈 감을 때까지 지니고 다녀야 할
그저 그런 옛 얘기입니다.

## 사랑

헤어진 것들에 대해서
마음 아프게 울지 말아야지.
아무런 바램도 없었는데
왜 돌아서서 울어야 하나
사랑은 슬픔을 능가하고
신앙은 죽음을 정복하고도 남는다.
마음의 상처는 언제나
사랑했던 사람이 준 선물
몇 개의 계절이 지나면
자지러지도록 괴로움을 준
마음들 들꽃으로 피어난다.
지나간 추억을 사랑으로 덮어보라.
사랑을 키우는 일은 힘들지만
사랑한다는 것은
늘 새롭게 열리는 신선한 새벽이다.

## 우리가 사는 것은

우리가 사는 것은
잘 가꾼 오곡밭이다.

배 불러 이것 빼고
배 아파 저것 빼고

우리의 삶은
잘 익은 오곡밭이다.

그리워 마셔 대고
외로워 마셔 대고
기쁨에 겨워 마셔 대고

그대
우리가 살아가는 밭은
잘 가꾼 오곡밭이다.

## 그리워하다가

그리워하다가

견딜 수 없을 만큼

그리워하다가

그래도

그리워지면

한 잔의 술로 달랠 수밖에……

## 그대의 노래

내 마음에는 산사의 노래가 있지만
들어주는 이 없습니다.

내가 듣는 그대의 노랫가락에는
애달픔과 서글서글한 장단에
세월의 아름다움 담겨 있습니다.

나의 노래에는 참됨이 없고
망상으로 찌든 음률로
곡조를 붙여 토해내는 것일 뿐

그대 우렁찬 노래 속에는
사랑의 신비만 가득합니다.

나의 노래는 젊음을 버리기 위한
한 가닥 지푸라기지만
그대의 노랫가락은
사랑을 짚어가는 하늘의 가락으로
이 계곡 다 채우고도 남습니다.

## 아름다워라

세상 사람들 손가락질하여도
회색옷 입고 산사로 걸어가는
승려의 뒷모습 아름다워라.

혼자 걸어가는 길모퉁이에서
잠시 쉬면서 세월을 세우고
목말라 마시는 소주잔이 아름다워라.

구름과 바람이 뒤따라와서
시시비비 가리려 해도
수줍은 미소로 돌아서는
구도자의 얼굴 아름다워라.

어두운 밤 작은 가게에 들러
담배 몇 갑 사들고
달빛 속 홀로 걸어
산으로 향하는 뒷모습 아름다워라.

## 사랑했던 기억만 하십시오

추억과 더불어 눈물 흘린 뒤
오늘을 향해서
미소 짓지 않으면 안됩니다.
가슴 속에 안고 있는 이 슬픔
아침마다 울어서도 안됩니다.
그리움이 밀려오는 저녁
사랑했던 기억만 하십시오.
추억은 사랑하는 사람의 뒤를 쫓아
한 번도 가보지 못한 길거리에서
방황하는 것입니다.
마음이 돌이킬 수 없이 미혹한 것은
기억 속에 널린 유혹 때문입니다.
어차피 헤어졌던 사람을 위해
가슴 아프게 울어 본들
눈으로 다시 볼 수 없는 것이기에
아무런 바램도 두지 맙시다.
상처는 사랑하는 사람에게서 입은 것입니다.
사랑은 진실로 성장하는 굳셈이기에
하늘에서 그만큼의
눈물을 담아 줄 것입니다.

## 남는다는 것

떠남
그후 남는 것은
남은 자의 몫이다.

간절한 그리움도
용서하는 것과
잊어버리는 것
너그러운 눈길도
남아 있는 자의 몫이다.

남아 있어야 하는 것
모든 것 덮고
기다려야 하는 것도
남은 자의 몫이다.

## 그리워하는 것은

마음이 참으로
슬픔에 잠기는 것은
보낸 세월 때문이 아닙니다.

보낸 세월 속에
마음 담아 놓지 못한 것이
슬픔으로 밀려올 뿐입니다.

마음이 참으로
서러워하는 것은
어머님 때문이 아닙니다.

어머님 가슴 속에
내 모습 새겨 놓지 못한 것이
서러움으로 밀려올 뿐입니다.

마음이 참으로
안타까워하는 것은
아름다운 노래 때문이 아닙니다.

아름다운 노래를

한 번도 목청껏 부르지 못한 것이
안타까움으로 밀려올 뿐입니다.

마음이 참으로
그리워하는 것은
아팠던 사랑 때문이 아닙니다.

사랑할 수 없었던
그때 그 시간들이
그리움으로 밀려올 뿐입니다.

## 그리운 이여

그리운 이여
지나친 봄의 끝자락을 잡고
꾸역꾸역 울어대는
이름 모르는 산새들의
목 메인 소리

서글픈 희망 안고 떨어지는
지친 빗줄기의 냄새는
설익은 나뭇잎 후려치는데

사랑하는 이여
산사의 낮과 밤에 일어서는
마음의 모서리에는
어느덧 딛고 살아온 계단이
너무 지쳐 있다.

가슴 모두 타 버릴 때까지
사랑하는 이여!

## 아끼는 말

부담없는 만남이었어도
내게는 깊음으로 남아
사랑한다는 말은
끝까지 할 수가 없었다.

모질게 참아 온 세월 속에서
말 못하고 살아 온 것은
들으면 가슴 아프고
하고 나면 마음이 시리기 때문이다.

그립고 고독한 마음이 커도
그립다고 말 못하는 것은
이제 그대 곁에 못 가기 때문이다.

사랑한다는 말 아끼기 위해
외롭고 슬퍼지는 것도 아긴다.

세월이 숨쉼없이 돌아가는 그날까지

## 이별

그대 인연 다 하여 떠나갈 때는
낙엽 지는 날은 피해서 가라.

맑은 날이 아니라도
빛 가운데로 천천히 가라.

그대 떠나가는 날은
함께 한 시간
조밀조밀했던 언어
산새 같은 노래
가슴 속에 남기지 말고
모두 버리고 가라.

미움 대신에 침묵으로
붙잡지도 말고 말리지도 말고
잊음인 채로
떠나라, 그리고
다시는 돌아 올 수 없음을 기억하라.

그대 인연 다 하는 날
은행나무 사이로 떨어지는

달빛을 보다가
아주 천천히 잠들어 가라.

# 길

그립다고 되뇌인들
무슨 소용이 있으랴.

먼 길 가다가 멈춘들
누가 뭐라고 하겠는가.

짙은 어두움 깔린 길이라도
내가 가야 하는 길인 것을
떠났다고 잊어버릴 수 있겠는가.

폭풍우가 쏟아지면
쉬었다 가는 길
쉬엄쉬엄 갈 수도 없고
달려간다고 되는 길도 아니다.

그립다고
가는 길 멈추고
되돌아 보아서는 안 되지
되돌아 서서는 더욱 안 되지.

## 미련


눈빛 보고 가슴 시렸고
그 언어에 숨겨진 뜻 아팠다.

그 모습만 남은 건지
알 수 없는 내가 된 건지
이름만 지어진 시간

그래도 미워하지 않았는데
차마 연약한 마음으로
말 못하고 삭여낸 것뿐인데

곶감살 같은 모양새로
함께 끼어 있는 삶인데도
죽고 난 날에야 알 것 같은가.

## 다시는

다시는 돌아보지 마라.
마음에서 손짓하고
시간이 순간을 만들더라도
다시는 돌아보지 마라.
돌이킬 수 없는
그리움의 집을 짓지 마라.
고개 숙인 벼이삭처럼
기울어진 그대로
더 깊이 고개 숙이고
고요히 살다 가거라.

■발 문

# 낙동강 가에 시인이 산다

김선굉(시인)

1

목련이 가지마다 환한 등불을 달고 있다. 무수한 봄꽃들 가운데 목련은 가장 뚜렷이 봄을 알린다. 목련, 木蓮이라니, 나무에 핀 연꽃이란 뜻이 아닌가. 연꽃은 또 무엇인가. 무수한 불교적 상징을 거느린 꽃이 아닌가. 젊은 시절의 각원은 운명처럼 그 목련을 노래했는지도 모른다. 군대에서 가톨릭 사제로 목회를 이끌던 그가 불교의 매력에 빠져든 것은 법화경(法華經)을 만난 이후다. 일승(一乘)불교 사상을 전하고 있는 대승불교의 대표적인 경전인 법화경(妙法蓮華經)이 신의 길을 걷던 한 젊은이를 사람의 길로 이끈 것이다.

그후 그는 그가 노래한 목련의 길을 따라 통도사를 찾아 승려의 길을 걷기 시작한다. 그는 종교인이기 이전에 고뇌하는 젊은 지성이었으며, 목련이 가리키는 불교의 길로 접어들고 난 후에도 가파른 구도의 길을 오래 걷는다. 승려의 신분으로 서강대 종교학과에서 비교종교학을 공부했으며, 강원도와 경기도 이천 등지에서 가난한 사람들을 돌보면서 공동체적 이상향을 꿈꾸며 실천적 대승불교의 길을 걷기도 했다. 그후 부에노스아이레스로 가서 2년이 넘게 종교철학을 공부하고 돌아와 둥지를 튼 곳이 경북 선산땅 장천이었다. 그는 그 산기슭에서 공사판에서 버려진 컨테이너에 법당을 차리고 마을 아이들에게 공부를 가르치면서, 틈만 나면 오대산 월정사나 영취산 통도사 등지로 기도여행을 다니곤 했다.

내가 그를 만난 것은 그의 장천 시절이었다. 당시 그를 취재한 구미신문사 기자이자 칼럼니스트인 은영지 씨는 그를 '컨테이너 법당의 구도자'로 명명했고, 이것은 그후 그의 트레이드마크가 되었다. 각원은 지금 그의 고향인 경북 칠곡군 왜관땅 낙동강 가에 살고 있다. 다 찌그러져 가는 주택에 불상을 모셔놓고 구도의 길을 계속 걸어가고 있다. 각원사(覺圓寺), 자신의 법명을 절 이름으로 정해 놓고 칩거하면서, 이따금 고물차 프라이드를 몰고 먼길을 휙 돌아오기도 한다.

각원은 승려이기보다는 한 사람의 속인에 가까우며, 구도의 길을 걷는 자라기보다는 인생에 대해 끝없이 질문을 던지면서 고뇌하는 지식인에 가깝다. 그가 태어나고 자란 왜관이 어떤 땅인가. 그 어느 지역보다 가톨릭의 세력이 왕성한 곳이다. 그의 집안 또한 예외가 아니었으며, 그 또한 어린 시절부터 누구보다 열심히 왜관성당에 다니면서 가톨릭의 교리에 충실한 신자였다. 그러던 그가 중이 되어서 고향 근처인 장천땅에 둥지를 틀더니, 얼마 안 있어 이윽고 잔뼈가 굵은 고향땅이자 우리 지역 가톨릭의 본산인 왜관땅 깊숙이 진입하여 목탁을 치고 있는 것이다. 그리고 목탁이나 치면서 절에 틀어박혀 있지 않고 누구보다 열심히 세간을 기웃거리고 있다.

각원은 젊은 시절 병원을 찾아다니며 백혈병을 앓는 사람에게

혈소판을 주었다는 이야기를 들었는데, 몇 년 전에는 배를 째서 신장을 꺼내어 성도 이름도 모르는 젊은 청년에게 주어버리고는 지금까지 그 후유증을 앓고 있다. 그리고 지역의 신문마다 돌아가면서 칼럼을 쓰고 문학판을 기웃거리며 술잔을 기울이고 있다. 어디 그뿐인가. 2년 전에는 크리스마스를 맞아 각원사 명의로 〈축 성탄, 예수님의 탄생을 축하합니다!〉라는 프랭카드를 왜관 시내에 버젓이 내걸어 세상을 놀라게 하기도 하였다.

2

그는 시인이기 전에 자유인이며, 종교인이기 전에 한 사람의 지식인이다. 절을 찾아오는 신자의 내면을 다스리기도 하고 세상을 향해 강도 높은 발언을 하면서 성(聖)과 속(俗)의 경계를 대담하게 허물고 있다. 글을 한번 써보라고 했더니 온갖 지면을 통해 남루한 현실을 향해 씨니컬한 냉소를 퍼부어대는 것이다. 애초에 불교적 사색의 글을 기대한 것은 아니지만, 폐부를 찌르는 거침없는 입심과 풍자는 나를 놀라게 하고 있다.

그가 두 번째 시집 『왜 사느냐고 묻는다면』을 낸다. 이 시집은 제목의 질문에 대한 그의 시적 응답이라고 할 수 있다. 이 시집에는 불교적 세계관을 담은 철학적 성찰과 삶의 진정성에 대한 깊은 통찰이 담겨 있지만, 세간(世間)을 향한 풍자와 야유를 담은 각원 특유의 정신적 지향과 감각을 잘 보여주고 있다. 그러나 어쩌랴. 그는 종교인이거나 시인이거나 그 무엇이기 전에 니체적 표현을 빌리자면, 인간적인, 너무나 인간적인 한 남자이며, 작은 일에도 쉽게 감동—마음이 움직이는 여리디 여린 감성의 소유자인 것을.

안개가 내리는 아침엔
침묵을 지켜라
풀잎을 건드리지 말아라
꽃을 만나도 쳐다보지 마라
안개 내리는 날에는 웃지도 마라
허황한 내일을 꿈꾸지 말며
지나친 화려함도 생각지 마라

안개가 내리는 날에는
입이 있어도 꾹꾹 다물고
코가 있어도 조금씩 숨쉬어라
아름다운 발자욱을 남기고
그들이 조용히 떠나갈 때까지

—「안개 내리는 날」 전문

안개를 매개로 한 자연과의 깊은 교감을 노래하고 있다. 명상적 잠언의 성격이 짙지만, 그 어느 구절에도 불교적 색채를 띠지 않고 있다. 모든 문장이 명령형으로 끝나고 있지만, 근엄하기보다는 차라리 눈빛만으로 생각을 전하고 있는 침묵의 언어다. 각원의 본질이 이러하다.

이 짧은 서정시에는 안개의 일생이 담겨 있다. 〈안개가 내리는〉 생(生)과 〈아름다운 발자욱을 남기고/ 조용히 떠나〉가는 멸(滅)이 공존하고 있다. 그 관조의 깊이를 얻기까지 시인이 걸어온 길에 담긴 고뇌의 무게가 느껴진다. 그 하염없는 무게를 흔

적 없는 안개의 발자욱으로 치환하는 정신. 그 유연함의 힘과 그 힘에서 느껴지는 정신의 탄력이 이 시집을 관류하고 있다.

3

각원은 종교인이기 전에 고뇌하는 지식인이다. 마을 근처에 절집을 짓고 세간을 향해 깊은 시선을 던진다. 소읍의 중심으로 나가 사람을 만나는 것을 좋아하며, 배포가 맞으면 한잔 술에 걸쭉한 육두문자를 내뱉기도 한다. 그러나 그게 그의 타고난 살결은 아닌 것 같다. 아무리 후한 점수를 주고 잘 보아주려 해도 세상 돌아가는 것이 추하고 남루하여 한 바탕 욕이라도 퍼부어 주지 않으면 못견딜 것 같아서 내뱉는 탄식인 것이다.
그는 이렇게 쓴다.

    희망이 없어졌다.
    태양은 높은 곳에서 비추지만
    세상의 어둠은
    지체 높은 놈들에게서 다가온다.

    해쳐먹을 것 다 해쳐먹고
    그것도 모자라서
    군대에도 가지 않은 것들이
    반공이다 민주다 운운하는 것
    차마 듣기 거북하다.

—「어떤 뉴스에서」 중에서

너무 많고 너무 적음이다.
　　너무 넘치고 너무 없음이다.

　　손에 쥘 수 없을 만큼 많은 것과
　　손으로 잡을 수 없을 만큼 적은 것이다.

　　피둥피둥 살찐 것에서
　　피골이 상접한 것까지
　　가진 것 없으면
　　사람이 아닌 세상에서
　　희망도 가진 것 있어야
　　건질 수 있는 세상을 산다.

—「무제」 중에서

　시집 2부는 주로 현실의 부조리에 대한 비분과 강개가 주류를 이루고 있다. 각원의 눈에 비친 세상은 그가 꿈꾸는 불국토의 세계와는 너무도 거리가 멀다. 그의 눈에 비친 현실은 〈총칼보다 사나운 이빨로/짧은 혓바닥으로/나를 죽이고/그대를 죽이고/우리를 죽이〉(「살인자들」)는 세상이며, 이미 〈우리가 놓친 기차는/피안의 정거장에 도착〉(「종교가 한 그릇의 라면인가」)해 버린 희망이 없는 시대인 것이다.
　그는 머리 깎고 세간을 떠나 구도의 길을 걷고 있는 스님이지만, 땀과 고뇌와 부조리로 얼룩진 삶의 현장이 제거된 구도의 길은 허무하다고 보고 있다. 도는 바로 일상적 삶 속에 있으며, 중생들과 함께 고뇌하고 견디며 길을 찾는 것이 옳다고 보는 것이다. 이런 관점에서 세태를 풍자하고 있는 그의 시편들은 괜한 빈정거림이 아니라 잠든 서민의식을 내리치는 구도의 죽비요 잘못 살아가고 있는 군상들을 향한 가없는 연민에 다름아니다.

그저 그런 놈들을 위하여
흐르는 물이 되어
맑게 소리 내어 흐르자꾸나.

그저 그런 놈들을 위하여
푸른 소나무가 되어
겸손하게 지켜 보자꾸나.

그저 그런 놈들을 위하여
붉게 피는 철쭉이 되어
가난한 이들의 옷이 되자꾸나.

그저 그런 놈들을 위하여
말없는 바위가 되어
그들이 돌아올 때까지 기다리자꾸나.

—「그저 그런 놈들을 위하여」 전문

이 작품은 잘못 살아가고 있는 〈그저 그런 놈들을〉 향한 그의 정신적 지향을 잘 요약하고 있다. 여기서 〈그저 그런 놈들〉은 시인 자신을 포함한 오늘을 사는 현대인이며, 예외 없는 너와 나의 자화상이다. 언젠가 〈그들이 돌아올 때까지 기다리자〉는 그의 제안은 우리와 다른 형편 없는 존재를 향한 선민 의식이나 우월성에서 온 관용이 아니다. 그것은 우리 모두 깊은 자성을 통해 〈흐르는 물이 되〉고, 〈푸른 소나무가 되〉고, 〈붉게 피는 철쭉이 되〉고, 〈말없는 바위가 되어〉 올곧은 길로 회귀해 가야 한다는 호소력 있는 메시지로 다가온다.

각원은 지금 낙동강 가에 우거를 마련하고 불상을 모시고 산다. 그를 불교의 길로 이끈 묘법연화경이 가리키는 길을 따라 세간(世間)과 출세간(出世間)의 경계를 자유로이 넘나들면서 인간의 길을 걷고 있다. 그 길이 지금은 멀고 가파르며 아름답지 않을지라도, 언젠가는 〈우리가 놓〉쳐서 이미 〈피안의 정거장에 도착〉해 버린 〈기차〉가 돌아올 것을 믿으며 묵묵히 그 길을 가고 있다. 그가 걸어가고 있는 방식과 자세는 자칫 세인들의 오해를 받을 여지가 있지만, 불문(佛門)의 율법과 세간의 법을 가볍게 딛고 먼 길을 가고 있는 그의 뒷모습이 아름답다. 어쩌면 오늘도 그는 깊은 절망감에 사로잡혀 울고 있을지도 모른다는 생각이 든다.

〈따뜻한 가슴에 얼굴을 묻고/참으로 아파하는 이는 없다〉(「살인자들」)는 그의 세계 인식은 80년대 초 〈그날 모두 병들었으나 아무도 아파하지 않았다〉(「그날」)는 이성복의 그것과 맥이 통하고 있다. 그러나 그는 희망을 노래한다. 그리고 그 희망은 제도를 비롯한 사회적 시스템에 있는 게 아니라 너와 나의, 우리 모두의 마음 속에 있음을 시의 형식을 통해 보여주고 있다. 〈다시는 돌아보지 마라/돌이킬 수 없는/그리움의 집을 짓지 마라/고개 숙인 벼이삭처럼/기울어진 그대로/더 깊이 고개 숙이고/고요히 살다 가거라〉(「다시는」)고 충고하면서 먼 길을 걸어가고 있다. 그의 뒷모습이 정녕 아름다운지는 그의 시를 읽을 미지의 독자들 몫이다.

>세상 사람들이 손가락질하여도
>회색옷 입고 산사로 걸어가는
>승려의 뒷모습은 아름다워라.
>
>혼자 걸어가는 길모퉁이에서
>세월을 세우고 잠시 쉬면서
>목말라 마시는 소주잔이 아름다워라.
>
>구름과 바람이 뒤따라와서
>시시비비를 가리려 해도
>수줍은 미소로 돌아서는
>구도자의 얼굴은 아름다워라.
>
>어두운 밤 작은 가게에 들러
>담배 몇 갑 사들고
>달빛 속을 홀로 걸어
>산으로 향하는 뒷모습 아름다워라.

—「아름다워라」 전문

그런데 그가 향하고 있는 산은 어느 산일까? 월정사일까? 통도사일까? 해인사일까? 절이 없는, 그냥 산뿐인 산일까? 나는 그가 가고자 하는 산은 산이 아니라 산처럼 풋풋한 인간의 마을일 것이라고, 그 마을의 이름이 그의 절이 있는 칠곡군 왜관읍 행정리이거나 몇 집 건너 술집이 총총 박혀 있는 좀더 어수선한 세간이거나 그 세간에서 부대끼며 살고 있는 헐벗은 중생들의 마음 속일 것이라는 생각을 지울 수 없다.
　南無大悲觀世音.

## 왜 사느냐고 묻는다면

초판 인쇄 / 2001년 4월 10일
초판 발행 / 2001년 4월 15일

지은이 / 각원
펴낸이 / 박진환

펴낸 곳 / 만인사
등록번호 / 1996년 4월 20일 제03-01-306호
주소 / 대구광역시 중구 봉산동 235-11
전화 /(053)422-0550
팩시밀리 /(053)426-9543

ISBN 89-88915-11-9 02810
값  5,000 원